안으리라

이 도서의 국립중앙도서관 출판시도서목록(CIP)은
e-CIP홈페이지(http://www.nl.go.kr/ecip)와
국가자료공동목록시스템(http://www.nl.go.kr/kolisnet)에서
이용하실 수 있습니다.(CIP제어번호 : CIP2011002228)

안으리라

지은이 김혜자

1판 1쇄 인쇄 2011년 06월 05일
1판 1쇄 발행 2011년 06월 10일

발행인 김소양

편집주간 이꽃리
편집 이윤희
기획 전민상
마케팅 김지원, 이희만, 장은혜

발행처 ㈜우리글
출판등록번호 제 321-2010-000113호
출판등록일자 1998년 06월 03일

주소 서울시 서초구 양재2동 299-5 남양빌딩 6층
마케팅팀 02-566-3410 **편집팀** 02-575-7907 **팩스** 02-566-1164
홈페이지 www.wrigle.com **블로그** blog.naver.com/wrigle

ⓒ 김혜자, 2011

이 책은 저작권법에 따라 보호받는 저작물이므로 무단전재와 무단복제를 금합니다.
이 책의 전부 또는 일부를 이용하려면 반드시 저작권자와 ㈜우리글의 동의를 받아야 합니다.

값은 표지에 있습니다.
ISBN 978-89-6426-035-7 04810

잘못 만들어진 책은 구입하신 서점에서 교환해드립니다.

안으리라

김혜자 신앙시집

"당신의 말씀은 제 발에 등불,
저의 길에 빛입니다."
(시편119;105)

우리글

시집을 펴내며

　내 꿈이요 소망이던 교직을 류머티스 관절염으로 인한 양 다리 마비로 14년 만에 접고, 절망과 실의에 빠져 있었습니다.
　그러던 어느 날 신자도 아닌 나를 성령께서 방문하셨습니다. 1983년 9월 3일, 그분께서는 빛으로 나를 부르시며 치유 시와 사랑으로 내 영혼과 육신을 일으키셨습니다.
　친정에 머무르는 동안 안성 구포동 성당 신자분들이 방문을 해주셨고, 어느 정도 몸도 회복되어 서울 집으로 돌아오게 되자, 일주일에 한 번씩 안성 성당으로 내려가 교리를 배우며 세례를 받게 되었습니다.
　그 후 심신이 허약한 나는 여러 질병으로 점철된 인생을 주님께 의탁하며 걸어 왔습니다 .
　나의 글은 작품성 있는 시詩라기보다 영혼의 의사이신 성령께서 나를 부르시고 치유하신 기록입니다. 사랑하시는 그분의 목소리인 동시에, 기쁨을 주시는 그분께 응답하는 내 영혼의 언어이기도 합니다.

이 글의 독자와 모든 병자들이 예수님 품안에서 빛과 사랑으로 치유 받아 행복하게 살기를 기원하며 내 영혼의 찬미를 하느님께 봉헌합니다.

이 책을 출판하도록 도움을 주신 청주교구 윤병훈 신부님과 애정 어린 관심으로 출판해 주신 우리글 출판사 김소양 사장님께 감사를 드립니다.

내 삶의 애환을 함께한 나의 가족과 부모, 형제자매, 친구, 교우들, 특히 시집 출간을 전적으로 주관하고 감당한 내 아우 카타리나와 제부 안토니오 부부의 정성과 사랑에 고마운 마음을 전합니다.

2011년 늦은 봄
김혜자

차례

시집을 펴내며 … 4

1부 나를 부르시는 주님

✝풀잎 … 13
✝애가 … 14
✝바람 … 15
청원 … 16
사랑 … 18
✝어머니의 기도 … 19
내가 죽기 전에 … 21
✝정거장 … 23
✝안으리라 … 25
갈망 … 27
✝아버지의 마음 … 28
✝어머니의 마음 … 29
✝눈동자 … 30
✝보은의 노래 … 31
✝기도 1 … 32
✝그림자 … 34
✝꽃값 … 36
✝내 눈을 앗으신다 해도 … 38
영성체 송 … 39
✝옹달샘 … 40

축시祝詩 … 41
내 만일 … 42
이탈 … 44
결정結晶 … 46
섬 … 48
교감 … 49
임 안의 나 … 50
✝소경의 죄 … 51
✝십자가상의 예수님 … 53
산방山房에서 … 55
네, 주님 … 57
신부님을 추억하며 … 59
딸아 … 61
내 안의 당신 … 63
별 편지 … 64
우리 어머니, 우리 성모님 … 65
봄 편지 … 67
기도 2 … 68
임 … 69

2부 나를 안으시는 주님
동백꽃 … 73
그리운 이름 … 74

산소 가는 길 … 76
애욕 … 77
중국 오지 춘난 … 79
호수 … 81
향수 … 82
겨울날 … 83
고향 길 … 84
낙조 … 85
아들 … 86
그늘 … 87
나를 부르는 소리 … 88
옷장을 정리하며 … 89
산 … 91
나무 … 93
사모의 노래 … 94
동경 … 96
혼자 부르는 노래 … 98
해질녘 … 100
유혹 … 102
미천골에서 … 103
나의 인생 … 105
인연 … 107
연민 … 109

그대에게 드리는 노래 … 111
갈등 … 113
어버이 … 115
아들의 월급봉투 … 117
아우 이사 가던 날 … 119
하관 … 120
사모思慕 … 122
밤을 까며 … 124
실향 … 125
회복 … 126
몸과 맘 … 127
봄볕 … 128
수평선 … 130
말 … 132
벗 … 133
나를 찾아 … 134
만추 … 136
가을 숲 … 138
우곡성지 여름 캠프 … 140
추억 … 142

맺는 말 … 143

1부
나를 부르시는 주님

✞ 풀잎

벗 따라
내 소원인 푸른 초원에 가 섰노라
흰 구름 멀고
생명의 향내 그득한 대자연
병원 둥근 정원 뜰에
풀잎 같은 몸을
풀잎 잡아 의지하며
기쁨의 눈물 흘렸노라
주여,
감사합니다
이 찬란한 생명 속에
마른 풀잎처럼 찬양 드리는
은총을 허락하신
나의 아버지는 찬양 받으실 지어다
내 벗에 의지한 사은의 정으로
생명의 눈물 셋 손아귀에 쥐어 주며
마음속으로 빌었노라
받으소서 생명의 선물을 받으소서
내 사랑과 감사의 눈물을 받으소서
생명의 쉼터에서 친구 하소서.

✝애가

그리워라
사랑하는 나의 임은 어디 계실까?
당신 사랑 내 가슴속에
깊이깊이 새겨 놓고
어디쯤 계실까 나의 임은
보고지고 임의 얼굴
듣고지고 임의 음성

임께서 새기신 당신 이름 안고
타는 듯 목마른 임의 사랑 찾아서
내 영혼 사막을
여기 저기 헤매네
내 그리움 길어 올려
임의 샘물에 던져 볼까

어떤 그날
임의 사랑에 취해
하늘 끝에서 꺾어진
내 그리움,
그리워라 임의 이름
보고지고 임의 얼굴.

✟바람

바람은 나목을 안고
임은 바람처럼 나를 안으시네
바람처럼 지나가는 임의 연가에
내 가슴 무너져 내려
황망히 성심聖心으로 흘러가
잠들지 않는 그리움에
보이지 않는 나의 모습

'나를 찾느냐?'
고요한 호수에서
명상 시처럼 흐르는 임의 음성

그지없는 그리움
목마른 집시처럼
가슴으로 받은 사랑
영원히 살기 위해
그리움을 안은 나목이 되리.

청원

목마른 이에게
물 한 잔
굶주린 이에게
빵 한 덩이
슬픈 이에게 한 마디 위로가
당신께서 말씀하신
사랑인 줄 아오니
그들이 있는 곳에
함께 있게 하소서

내 마음 내게 향하여
맘이 오그라든 병자 되게 마옵시고
그들 마음 내 맘 되는
임을 닮게 하소서

살아서 당신 몸 주시옵고
죽어서도 당신 생명 주시오니
사랑은 죽어야 주는 것임을
십자가 위에서 보이셨나이다

이제 더 주실 것 없을 터이나
눈 귀 입 접으시어
양식으로 주신 성체
당신 죽어 나 살리는
끝날까지 주신 사랑
영혼 잃은 이에게
흘러가게 하소서.

사랑

때로는
당신 맘 나를 잊으시어
눈물어린 날이 많을지라도
당신 가슴에 못 박을 상처
내 가슴에서 앓으며
나는 당신을 안고
용서합니다

참 사랑은 마르지 않는 샘 같아
마음 깊은 곳에 기쁨을 주고
보릿고개 같은 사랑을 완성시키니
고통과 시련은 양식이 됩니다

나와 당신이 바꿈질한 사랑은
섬과 바다처럼
서로를 아름다이 가꾸니
사랑은 주어도 주어도 모자라고
받아도 받아도 남지 않습니다.

✟어머니의 기도

주여!
은혜로이 내려주신 이 음식이
우리 몸을 살리듯
주님의 말씀에 또한
우리의 영혼도 살게 하소서

주께서 내리신 이 찬란한 세상과
생명의 아름다움을 소중히 여기고
살아있는 동안
온전한 마음으로
주를 찬미하며 경배하는
은총을 허락하소서

어제를 돌아봄에 바로 살게 하시옵고
먹고 마심에서
생명을 내리신 성부와
영원히 살리시는 성자와
내 안에 계신 하느님을 비추시어
사랑케 하시는 성령께
찬미와 감사와 흠숭을 드리며

우리의 삶이 아버지께 영광되게 하소서
우리 주 그리스도의 이름으로 비나이다
아멘.

내가 죽기 전에

내가 죽기 전에
내 사랑일랑
당신 가슴에 묻으려오

내가 죽기 전에
이슬 젖은 내 눈일랑
쓰라린 맹인에게
주고 가려오

내가 죽기 전에
하늘을 우러러 소망 빌던
내 두 손일랑
아들 스테파노에게 주고 가려오

내가 죽기 전에
시냇물 같은
내 영혼의 노래는
우리 아들 안드레아에게 주고 가려오
내가 죽기 전에
비로소 한 번 기도하려오

주여!
이 죄인을 용서하소서
이제 정말
아버지 뜻대로 하소서.

✞ 정거장

지나가는 아름다움이 아닌지라
내 마음 속에서
영원한 생명이 된 파아란 하늘
밤낮으로 무한함을 우러르며
노래할 수 있을 때
앉으려다 앗긴 의자처럼
나의 삶은 무너져 가는가

나 홀로 삭정이처럼
떨어져 나가는 두려움에
손바닥과 손등처럼 뒤집던 기도
신혼여행 때 한 번
마주 보고 웃으며 노래하던 당신
나 죽을 때 한 번만 더
마주보고 웃어 주시련가

만개한 보랏빛 라일락이
꽃다이 피어
가장 아름다울 때 이울어지듯
눈물 떨굴 사이도 없이 스러지는

내 인생을
해처럼 웃어 보리
꽃처럼 노래하리.

✞안으리라

'너 나를 사랑하느냐?'
하시던 날부터
내 마음을 건드리신 것처럼
애 타는 눈물이 흘러요

내 맘 안에 계시온데
아주 멀리 계시온 듯
닿지 않는 가슴에
사랑의 그리움
바람처럼 일어요

조용히 이는 나의 시심詩心에
고요히 가라앉는 당신의 성심聖心
호수에 주저앉은
산 그림자처럼
아득한 그리움
내 마음에 내려요
밤이나 낮이나
보채는 내 마음
당신께서

'안으리라' 하신 말씀에
내 마음 몰래 타기만 하오니
나를 차지하시어
내가 없어 기쁜
이런 것을
주의 사랑이라 하오리까.

갈망

나의 발걸음이
기도이게 하소서
마음으로 당신을 만지는 내 손이
기도이게 하소서

번민하는 나를 안으시어
내 살 같은 당신
엎디어 절하는 풀 같은 내 몸의
기도를 들으소서

당신을 향한 갈망에
분향소가 된 내 마음
내가 당신을 사랑하는 것으로
주여,
내 삶이
미소이게 하소서.

✝아버지의 마음

피눈물 마음속에 깊이 감추우고
비봉산 봉우리에 올라와 보니
세상은 고요하고 평온하오나
아버지 내 딸년 눈 때문에
이 몸은 뜬눈으로 밤을 지새우며
바다와 같은 눈물 울지도 못하며
마음에 올리어 눈물 드리니
내 딸년 눈뜨게 하여 주소서.

✝어머니의 마음

돌같이 묵묵히 앉아 계시어
소경된 딸년 구해 주시지

아버지 인자하심
바다와 같으니
딸년의 눈을 고쳐 돌려주시지

내 울음
피 눈물 강물과 같아
푸른 피 붉은 물로 적시는구나.

눈동자

푸른 샘물이 퐁퐁퐁 퐁퐁퐁
흐르는 듯 하구나
은구슬 옥구슬이 도르르륵 도르르륵
구르는 것 같구나

높은 산봉우리에서
고요히 내려다보며
침묵의 노래를
부르는 것 같구나.

✝ 보은의 노래

믿음 소망 사랑의
금과 같은 보약으로
새 성전 건립기금 기초를 닦았네
아름다운 그 마음 하늘에 닿아
아버지가 그 마음 굽어보시네
진리의 정점인 터미널 약국
바다 같은 아버지의 사랑 흘리고
강물 같은 어머니의 고요한 사랑
한 소경의 눈을 뜬 기적의 믿음
이 세상에 축복 받을 터미널 약국.

✝기도 1

삶이 너무 추워
언제까지 살아야 할 의무가 있는지
여쭈어 봅니다

읽지 못하는 글과
사투리 같은 내 몸짓이
언제 평안히 되올지
여쭈어 봅니다

내 몸에 붙어 다니는 눈물과
내 영혼에 흐르는 미소가
언제 손잡게 되올지
여쭈어 봅니다

내가 세상에 보낸 첫 웃음과
당신께 감사한 첫 날을
내 가슴에 찍으신 봉인이라 할지라도
외람되오나
언제 예복을 입혀 이 몸을 안으시려는지
여쭈어 봅니다

행여 당신이 우실 세라
눈물아! 흐르지 말거라
속삭이면서…….

✝그림자

당신과 더불어 사는 몸이오라
내 몸을 당신 것이라 하시온들
어찌 할 말이 있사오리까

내가 입술로 기도하려면
당신이 속에서
'내가 한다' 말씀 하시오니
어찌 내 입이라 하오리이까

내 발걸음이 평화이면
당신께서
'내 발이다' 주장 하시오니
어찌 내 발이라 하오리이까

내가 미운 이를 멀리 하려면
'섬겨라' 하시오니
어찌 내 맘이라 하오리까
당신께 대한 명상冥想이
또한 나의 시혼詩魂이니
어찌 내 글이라 하오리까

내가 가고 싶은 곳을 가도
항상 거기 계시는 당신
나는 당신의 향기
당신의 그림자일 뿐
어찌 얼굴이 있다 하오리까.

☦ 꽃값

손가락 없는 손으로
바구니를 높이 쳐들고
행인에게 적선을 비는
할아버지께 오백 원

앞 못 보는 이의
고운 찬송가 소리를
외면함이 죄스러워
오백 원
성모님의 꽃값을 다 잃었네

버스 정류장에서 적선을 빌던
찬송가 걸인을 외면한 날부터
엎드려 땅을 기고 다니는 이
엉덩이로 문질러 다니는 이
지팡이로 더듬어 다니는 이

'달라는 이'가 아니라
'불쌍한 이'로 되어
내 마음 한 가운데서

눈물이 되었네

성모님께 무릎 꿇어
시든 꽃의 용서를 청할 때
'꽃값은 받았다, 아가야.'

✟내 눈을 앗으신다 해도

내 눈의 반을 앗으신 것은
당신만 보라 말하심인가

아주 앗으신 이 찬미가 들으며
흘리는 눈물

천벌이라 여겼던
병든 눈을
천은이라 감사하리니

내 눈을 온전히 앗으신다 해도
그것이 사랑
사랑이라면
주의 사랑 마주보며
다가가리다.

영성체 송

당신 살점을 떼어
우리 입에 넣어 주시니
감사의 정으로
나는 울어요

십자가상에서 밥이 되는 슬픔을
목마르다 하시오니
용서를 청하며
나는 울어요

날마다 먹고 자란
우리 몸과 맘
거룩하신 사랑에
나는 울어요.

♱ 옹달샘

내 영혼의 노래 하나 성모님께 드리니
성모님 웃으시며 내 마음을 만지셨네
오, 내 뜨거운 마음은 불같이 타올라
아버지 어머니를 같이 믿게 되었네
'오늘 내 목소리를 듣거든
네 마음을 무디게 가지지 말라'
아버지 음성은 내 영혼의 치석을 떼어 내셨네
두 분께 마음으로 술잔을 드렸네
아버지 어머니
돌아온 탕아를 머리 쓸어 용서하시며
내 깊은 우물의 샘 구덩이를
입김으로 막으셨네
좋을시고 아버지 사랑
고울시고 어머니 손길.

축시 祝詩

한 사랑
한 기쁨
끝날까지 가소서

지아비 지어미로
이름 받는 이 잔치
길을 잃지 않도록
뜻 세우소서

내 뜻대로 안될 때
좌절치 말고
기도와 애덕으로
나를 헤아리소서

사랑과 진리의
스승 뜻 따라
가야할 때 뒷모습도
아름다이 하소서.

내 만일

내 만일 한 시간이 남았다면
당신께서 차려주시는
마지막 성찬을 들겠나이다

30분이 남았다면
당신과의 추억을 새겨 보겠나이다

10분이 남았다면
한결같이 사랑했고
행복했다 고백하겠나이다

5분이 남았다면
사력을 다해
엎드려 경배하겠나이다

3분이 남았다면
성부 성자 성령(붙여서 숨 몰아쉬듯)
당신 이름을 부르겠나이다

한 숨이 남았다면

온 영혼으로
당신만을 원하겠나이다

당신은 늘 시간을 주셨습니다
거르지 않고 하루 24시간씩
지금 이 자리 이 모습 이대로
당신이 안고 싶은 연인이 되게 하소서.

이탈

번민 없이 기도하는 순간
행복합니다

언 무릎을 방바닥에 녹이는 순간
행복합니다

묶인 마음을 풀어주고
언 몸을 녹여 주며
사랑할 이들이 함께 숨쉬는
이 오막살이가 천국임을 깨달은 것은
세월이 흐르고
많은 것을 잃은 후입니다

내 뜻대로 와주는 내일이 아니고
내 뜻대로 가주는 오늘이 아니라면
눈과 귀를 의지하지 않고
무심無心을 의지해 살렵니다

빛이 어둠에 쫓기 듯
무욕에 욕심이 물러선 순간

빛나는 나를 볼 수 있어
감사합니다.

결정 結晶

병을 앓다 보니
가슴으로
우는 법과 사랑하는 법을
배웠습니다

물오르는 여린 것과
스러지는 거친 것을
쓰다듬고 어루만지기를
배웠습니다

병은
나의 자유와 기쁨을 앗으며
무지갯빛 투명한 영혼으로
그대 마음과
내 삶을
한 문장으로 읽는 법을
깨우쳐 주었습니다

버려짐 없는 이 순간만이
나를 줄여

그대 안에 들고
나를 넓혀
그대 안는 법임을
알았습니다.

섬

산은 골골이 안개를 펼쳐
고운 잠 속에 있고
디딤돌처럼 놓인 섬들
구름 휘장 속에 잠겼다

섬을 안고 있어
아름다운 바다

안아야 아름다운 고통도
영혼의 섬 같은 무늬

내가 너에게 이르려면
물을 건너야만 되는 일

바다가 내려다보이는
마산 진동면 가르멜 수도원에서
주님께 업히려다
내 안으로 떨어지는 눈물과 함께
안고 업고 생명을 키우는
바다의 모성을 안았다.

교감

바다는 파도로
나는 노래로
우리 사이
마음을 바꿨다

빛이 쏟아지는 물 무늬로
하늘같은 바다

바다는 하늘의 언어로
나는 영혼의 언어로
무한을 얘기했다

우리 사이에서
하느님이 웃으시는 것 같다.

임 안의 나

멀리 본 나무는
그저 숲일 뿐

임 안의 나는
한 그루 이름 있는 나무이나
임 밖의 나는 숲일 뿐이다

임은 인간 숲 속을 거닐다
문자 숲 그늘 속에 몸을 누인다

임은 시장터 나들이로
내 영혼 분망할 때
당신 장막 안에 들여
빗장을 지르신다

졸지도 자지도 않는
안팎의 신묘한 눈으로
나보다 더
나를 아시는 분.

✝소경의 죄

세상이 안 보이는
내 겉사람 눈병으로
살기 싫다

죽기를 소원하며
눈뜨기를 소원했네

안팎을 보는 쌍 안구
임의 성체로
내 눈을 바꿔 주실 때

임을 바라보던 눈동자
순환선 전철 속을
돌아 돌아 누비다
기쁨을 바라보는 내 속사람
시력을 잃었네

시름시름 슬픔을 앓는 내 몸 안
임의 안질로
내 영혼의 눈 뚫어져

구멍 난 저수지 되니

아!
보이는 소경의
죄 앓이여!

✝십자가상의 예수님

당신의 죽음은
무한한 슬픔이고
당신의 부활은
무한한 기쁨이니
슬픔과 기쁨의 임이시다

당신의 십자가는
무한한 고통이고
당신의 승천은
무한한 영광이니
고통과 영광의 임이시다

완전한 빛이시니
완전한 어둠으로

길이시니
길 밖에서

생명이시니
죽음으로 완전히 보게 되나니

지식과 지혜의 임자이시다

살았다가 죽고
죽었다가 살아나니
영원히 사는 전능자이시다

사흘이 먼 듯
저 높은 하늘과
이 깊은 땅 아래를
오르락내리락 하는
사랑의 두레박이시다.

산방山房에서

잔설 허리에 감고
다소곳이 앉은 산머리 위
병풍처럼 직립한 나목
푸른 움 돋을 듯
햇살 따사롭다

푸른 비단 하늘 펼쳐 덮은
전나무 숲속 아담한 산방에서
그윽한 자스민 향을 즐기며
산자락 쓸어내리는
내 눈길 곳곳
물이랑 같은 봄의 목가가 흐른다

작은 새 포르르 날아간 자리처럼
앉았다 가지만
갈색톤 첼로의 음률과
벗들의 해맑은 웃음소리
눈짓, 손짓, 이야기 소리
금박무늬로 심상에 찍히리라

쓸쓸한 어느 날
메아리를 보내리
교웅이, 상완이, 광식이, 우혁이, 오띨리아, 스콜라스티카…

알까? 그들은
그 주인봉主人峰 시금광詩金鑛
우리 주 예수 그리스도
풍요롭고 행복한
무명시인의 마음을…….

네, 주님

"나와 같이 살자" 하실 때
"네"라는 답을 잊었습니다

나는
몸도 마음도 병원을 연옥 삼은
웃지 못하는 벙어리였기 때문입니다

슬픔도 고통도 근심도 없는
저 나라 주인이 당신이시라기에
당신을 고향으로 그리워했습니다

십자가 위에 버려진 당신 슬픔을
내 슬픔으로 앓으며 산다는 것이
의무와 사랑임을 깨달았습니다

이승과 저승 사이 금을 지우신
당신을 만나려면
고통의 골목길 지나야 됨도 깨달았습니다

세상에서 가장 쓸쓸한 이는

사람에게도 당신에게도 잊혀지는 일

버려진 것을 안으시어
내 안 가득
봄볕으로 좌정하신 당신

네,
주님!
그렇게 하겠습니다.

신부님을 추억하며

내 깊은 우물 속
풍 풍 풍 동심원을 그리신
말씀

빈 들판의 영혼
성령에 휘감겨 치오르던
향주심向主心

흰 눈 내린 새벽
두 줄 발자국처럼
멀어져 가시니

어디서 들으리오
그 음성
어디서 뵈오리오
그 미소

혼자서도 달아오르는 수치심을
고요히 덮어주시던
어머니 치마폭 같던 제의

겹겹이 밀려오는 그리움
신부님 예수님
하느님 아버지 신부님
봉천 팔동의 금강석
우리 신부님.

딸아
마태복음 9장 22절 묵상

오늘에서야 귀가 번쩍 틔였나이다
세상에 하나밖에 없는 이름으로
그 여인을 부르시는
당신 목소리에

오늘에서야 가슴이 벅차올랐나이다
나도
그 이름을 받고 싶은 마음에

오늘에서야 완전한 갈망을 알았나이다
당신을 바라보는
그 여인의 눈동자 속에서

오늘에서야 그 여인을 보았나이다
하얀 날개 옷 살폿한 걸음으로
당신 앞에 나아가 믿음상 받는 모습을

생명을 잃어가며
폭포 같은 눈물 속에 어두운 터널을 돌아온
병들어 버림받은 여인에게

몸을 돌려
얼싸안듯 부르신 이름
딸아!

오늘에서야 당신이 하느님이신 줄 알았나이다
발길에 차이는 돌들도
가지런히 제자리에 돌려 놓으시는
모습을 보며…….

내 안의 당신

나를 당신 것으로 하셨기에
내가 낙담하고 슬퍼할 때
당신 마음은 촛물처럼 녹아 흐른다

내 공허와 외로움을
여린 모성으로
깊이깊이 우시는 당신

내 안 어둠속에 잊혀지는 당신은
수인처럼
춥고 쓸쓸하다

곱사등처럼 나를 안고
내 심연의 중천 빛으로 떠
바람 같은 심령
사랑으로 아픈 임이다.

별 편지

당신이 그리운 날부터
하늘의 별을 헤아리다
내 마음 보석 밭이 됩니다

눈으로 꼭꼭 찍어
이마받이로 별을 세며
세상을 주고
너를 주고
나를 주신
하늘에 계신
우리 아버지를 부릅니다

별을 헤아리다
내 마음 우체통이 됩니다.

우리 어머니, 우리 성모님

한 송이 장미를 보듯
그대를 응시할 일이다

흔드는 바람
자지러지듯 여린 웃음
스러져가게 하나니

아직 드러나지 않은
노오란 꽃 심지 안 씨방의 미래를
지긋이 응시할 일이다

문 열어라 하늘아!
문 열어라 하늘아!

우리는 모두
십자가 꼭지
'에밀레종'의 어머니
성모의 씨방에서 터진
천상의 꽃

모든 꽃은 향기가 있나니
그 모양
그 빛깔대로
진폭을 다해 사랑할 일이다.

봄 편지

"사랑하는 언니, 보셔요"로 시작되는
충주 교현동 막내 아우의 편지는
꽃집 봄꽃으로 가득하다

멀리 계시니
마음 한 아름 라벤다 향으로 받으라
심장 오린 종이에
'라벤다 향은 심신 안정제'
간절함 그득한 메모도 잊지 않았네

두 몸 한 마음인 우리 자매
가시밭길 헤치며
깊고 그윽하고 순결한
풀룻의 음색으로
아지랑이 부르는 아우의 마음 향기

내 마음 깊은 곳
그 동녘에 둥둥둥 북소리 울리며
아기 예수님 안으신 성모님
발걸음 같은 아우의 편지.

기도 2

내가 당신을 임이라 부른 순간부터
당신은 내게로 오셔서 삽니다
촛불을 켜는 시간은
당신을 찾아 나서는 순례의 시간
내 구석구석 환해지며
거룩한 초상을 그리는 시간입니다
때때로 미궁 속을 휘돌다 와도
언제나 그 자리
비 새는 둥지같은 나를
떠나지 못하는 당신은
슬픈 운명의 사랑입니다

나의 길
나의 빛
나의 생명이신 당신

촛불을 켜는 시간은
당신께서 신방에 드시는 시간
당신의 광채로 나를 채워가며
사랑으로 하나되는 시간입니다.

임

나 어두움 밟지 말라
하늘에 빛 매달아 두시고

나 길 헤매지 말라
밤낮으로 비추시나이다

나 당신 잊지 말라
삼라만상으로 말씀하시고
빛과 어두움 가운데서
영혼의 절기를 깨달아

나 생명 잃지 말라
말씀의 태양이
내 안에 자전 공전하시나이다.

2부
나를 안으시는 주님

동백꽃

찬 겨울 동행하여
이른 봄에 세워놓고
진홍의 빛으로
도도히 피는 동백

화려한 그 용모
윤기나는 치마폭
겹겹으로 웃는 얼굴
더욱더 붉었구나

수려한 논개 열정
꽃잎 속에 감추고
타는 듯 고운 몸매
임을 기다리는가.

그리운 이름

당신이 세상에 아니 계시어도
세월은 흐르겠지만
당신을 그리는 나의 세월은
더 이상 흐르지 않을 것입니다

늙고 병드셨기에
이 푸른 하늘 아래 당신을 잃을세라
더욱더 그리운 이름

가난한 삶의 고달픔과
당신의 애환이
이 한낮 불현듯 되살아옵니다

성한 날보다 아픈 날이 많았기에
당신의 뜨거운 눈물에 업혀 살아온 인생
주름진 얼굴보다
마음을 더 늙게 만든 불효를 지었습니다
살과 피 진액을 다 흘리시고
후줄그레 빈 껍질뿐이신 이여!

어른이 된 내 아들에게서 느끼는
내 사랑의 가난함 속에
세월이 흐를수록 더욱더 커 보이는 당신은
사라진 것과
살아 있는 것 중에서
가장 아름다운 분입니다.

산소 가는 길

가을 청명한 날
좁고 울퉁불퉁한 들길 따라
교회 묘지에 와 섰네

심심찮은 묘비와
여기 저기 고운 들꽃이
삶의 무상함을 보태네

말없이 묻혀계신 아버님
인간은 죽음으로
같은 길임을 일깨우시네

분향재배하며
초라히 찾아 오셨던 모습에
잊었던 눈물이 다시 흐르네.

애욕

그대 맘 밖에서
서성이길 이십여 년
나 이제 발길 돌려
하늘의 걸인이 되었네

그대 마음 안에서
단 하룻밤만
재워달라고 애원한들
내 인생 끝나도록
이루어질 소망이 아닌지라
나는
나그네로 지나가네

나를 안고 업고 어르고 길러주신
나의 고향 어머니여!
늙고 병드셔도 변함없는 사랑이여!

사해의 짠 소금보다
더 짠 애욕의 웅덩이에서
주께 부르짖으니

'네 믿음이 너를 구할 지니라'
대답하시네

한 구석에 감춘 애욕 빛으로 지우시고
그 위에 성혈로
'선과 사랑'이라 쓰셨네.

중국 오지 춘난

류머티즘으로 자리보전하며
웃음을 잃어가자
아이 아버지는
난 분을 사들이기 시작했다

'정말 뭘 몰라,
내 몸 하나도 힘겨운데
귀찮은 풀만 기르게 해!'

둘째까지는 굶어 죽고
셋째는 목말라 죽었다
넷째마저 검은 점이 생기며
온몸이 썩어 들어갈 때

'잘 길러요!'
젖먹이 건네주듯 하던 모습이 떠올라
비로소 난의 명패를 보았다
'중국 오지 춘난'

벌떡 일어나 화원을 찾았다

썩은 끝을 면도칼로 베어내 영양제를 주고
손으로 한 잎 한 잎 먼지를 훑어
해가 드는 창가에 옮겨
'잘 길러요'를 그제야 기르기 시작했다

꽃 대궁이 올라오기 시작하면서
부쩍 눈길이 가던 어느 이른 아침
창가에 시선이 꽂혔다
'어머, 밤사이
다 피었구나!
몸도 성치 않으면서
저리 곱게 피다니!'

호로로 날아갈듯
다섯 마리 흰나비 같은 꽃에서
분향처럼 스며오는 은은한 향기

그 봄날
태양은 내 안에서
솟아오르기 시작했다.

호수

휘늘어진 수양버들 사이
조각배 점점이 떠가고
하늘이 호수에 내려와 앉자
머언 산들은 조용히
물가에 자리를 잡는다

하늘엔 구름 한 점
태양은 뉘엿뉘엿 서쪽으로 기울고
서치라이트를 비추듯
낙조가 수면에 어린다
이 잔잔한
일상의 물가.

향수

안산의 진달래꽃
머언 산 너머 내 고향 싣고 와
버들피리 소리 산새 소리
들리는 듯 하네

냉이풀 망초꽃 우거진 논둑
솔바람 소리만 우는 산속
잊어버린 옛 동무들
보이듯
보이는 듯……
안산 진달래에 묻어온
머언 산 너머
내 고향

이마에 주름살 밭고랑 같아도
샘물 같은 그리움
내 마음에 차오르네.

겨울날

봄날 같은 겨울날 은혜로워라
가난한 이 난로처럼 따사로워라

어머니 손길보다 따스한 날씨
입었던 옷 벗어 들고
맨몸으로 걷는다

사람들은 북적대며 오고 가는데
내 영의 길손은 어디 있는가

얼핏 쳐다본 하늘 위
방금 고개 든
각시 같은 초승달

이 또한 임의 은혜 아니시겠나
만상을 어루만져 데워주시듯
이 몸을 사랑으로
데워 주소서.

고향 길

꿈속의 고향은
베갯가에 있는데
내 고향 가는 길은
멀기도 하다

아버지 어머니
정겨운 모습들
화폭에 담아보며
치닫는 언덕들
구름은 더더욱
높이 흐르고

비껴가는 산야들
잊었던 흙내음
언제나 그리운
고향 길 나의 집.

낙조

붉은 저녁노을
해변에 어리우고
쓰린 그리움은
구름 위에 떠간다

머언 하늘 끝에 어리는
임의 얼굴
내 젖은 눈동자만
수평선에 외롭다

내 마음 푯대를
꺾으신 임이시여
남기고 가신 사랑
이 몸을 어르시어
부질없이 그리움만 쌓여 가는가

가고 아니 오실 임이 아니시건만
내 맘은 웬일로
이리 서럽나.

아들

수돗물 꼭지에 입을 대고
어머니 얼굴 그려보며
배고픔 목마름 달랬다 하네

중학교 일학년 때 우리 근일이
오월 팔일 어버이날 넙죽 절하며
두 손으로 내민 나비 보석 핀

무심히 연 화장대 서랍 속에서
지금도 빛나는 진주 나비 보석 핀
수돗물 생각이 절로 살아나
불현듯 떠오르는 해맑은 얼굴.

그늘

팥알 같은 열매 맺는 포도나무에
산머루만도 못한 열매라고
밑동에 톱을 대어 베어 버렸네

열매도 맺지 않고
터만 차지한다고
대추나무 발목에 톱을 댄 순간

남편이 손목 잡아 만류하던 말
"그늘이라도 있잖소.
당신 눈감고 있을 때
이 나무 그늘에서 쉬었소!"

은혜로운 나의 그늘
남편의 그늘.

나를 부르는 소리

눈으로 손짓하며
나를 부르는 소리
눈으로 어루만지며
사랑을 달라는 소리
돌아서기 전에
그립다는 소리
맘으로 애타게
기다린다는 소리
언제나 맘에 가득한
그 목소리
언제나 귀에 가득한
그 발자국 소리
묻혀서 사는 이의
외로운 한숨소리
내 마음 가득
사랑을 앓는 소리
내 귓가에 가득
날 부르는 소리.

옷장을 정리하며

어릴 적 배내옷처럼 오래된
화려한 금박무늬 검은 공단 저고리
내 몸을 줄여
그 고운 정성 속으로 들어가고 싶네

잠자리 날개 같은
빨강저고리 노랑치마
나 대신 인사 받던
그 황홀함에 잠기고 싶네

진달래 웃음 닮은
금박무늬 꽃분홍 치마
새색시 추억 속으로 걸어가고 싶네

나날이 크는 아이 신 바꿔 사 신기듯
철따라 고운 옷 입혀 주시고
꽃 같은 눈매로 쓰다듬던 형님
내 마음도 비단인 양
당신 마음을 금박으로 남겨두셨네

평생 오금을 펴지 못해
구부러진 내 등, 내 마음
내 살을 덮어준 하늘 비단자락
보름 달빛으로 눈부신
지붕 위의 박꽃같이
하이얀 마음
어머니 같은 형님.

산

제 이름도 알리지 않고
이른 봄
내 창가로 내려온
하얀 꽃나무와 눈 맞춘 후

그 바람 속 언덕의
노오란 들국화 홀로 섰다 갔을까
후다닥 창을 열어 본다

눈꽃 핀 적막한 숲에서도
작은 새 우는가 하여
바람소리 가만 있으라
눈을 감아 본다

낙화의 그리움이 다하기 전
누군가 오는가 하여
호젓한 숲길을 바라본다

혼자 걷는 이의 뒷모습은
얼마나 아름다운 무늬인가

바람이 전하는 내 이름
알기나 할까
기다림과 그리움을 섞어
내 영혼의 혈액을 만드는 산.

나무

나무는 나무끼리
한 샘물 길어 마시며
어깨동무 하며 산다

나무는 나무끼리
옷자락 벌려
서로의 등을 덮어주며 산다

나무는 나무끼리
발과 발을 얽어 흙을 끌어 덮고
추운 밤을 산다

나무는 나무끼리
얼굴 비비며
입 맞추며 산다

팔과 팔을 베고
어깨와 어깨를 안고
바람 먹고 햇빛 먹고
아름드리로 자라는 나무.

사모의 노래

파란 가을 하늘 내려와 앉은 교정
백포의 햇살 두르고
새색시 예단 같은
은행잎 이불 쓰다듬듯
내 몸을 지팡이 삼아
걸어보신 어머니

내 저녁 기도 속에서
겨울 해질 무렵
홀로 막차를 기다리는
등 굽은 노인으로 다가와
눈시울 적시네

터진 주머니처럼 차고 다닌 가난에
김치 밭이 고향인지라
소고기 목욕물이 소원인
철없는 아비
수저 놓는 소리에
의붓 아내처럼 돌아 앉아
배부르고 등 따순 것을

최상의 명곡으로 부르셨네

내 어린 날 비단 강보였던 손
나무 등걸 되었고
주름살 골골이 분
허적한 갈대바람에
몽당연필로 남은 목숨

무혈의 흰 살
여섯 새끼 끼니로 주고
연못 위에 엎어져 떠다니는
어미 우렁이셨네

실금 간 바람벽
틈새로 들어오는 부유한 가난을 다림질하여
백포의 예복으로 입고
영혼의 꼭지까지 올라보겠노라고
빛과 사랑 그득한
내 영혼의 운동장
어미 가슴을 안아 보네.

동경

내 몸은
산소 호흡기를 낀 낡은 발동기

인간의 바다를
아직 맨발로 걸어 다니는
강아지 눈동자를 닮은 아들과
따스한 시인이 지닌 꿈의 온기로
추수할 들판을 넘나드는 삶이지만

남을 것도
담을 것도 없는 빈 수레

아침 이슬로 씻은
황금빛 융단 숲에서
고요한 노래와
산 때나 죽은 때나 한결같이
나를 안고 다닐 당신의 늙은 가슴이
내 영혼의 핏빛 그리움이라 한들

낳는 것에도

죽는 것에도
내 뜻은 없어
늦가을 한 잎 남은 나뭇잎처럼
삶의 줄에 매달린 한 점 이슬

내 가슴을 뛰게 하는 해돋이와
해넘이의 노을 바다와
내 마음을 호수로 키운
푸른 하늘과 함께

시간도 공간도 없는
영원 속으로 가고 싶은
그리움만이 나의 것.

혼자 부르는 노래

봄은
꽃과 새와 어깨동무 해
아장아장 걸어와
뒷산에서 웃다 가고

여름은
흰 구름 손잡고
골짜기로 내려와
마주보다 가고

가을은
낙엽과 나란히
아스팔트로 와
무늬 놓다 가고

겨울은
바람 앞세워
눈 내린 내 가슴의
벌판에 와 살다 간다

가난은 날 때부터 내 벗이 되어
푸른 하늘 바라보며
옹알이 하고 숨쉬기를 배워
어머니 같은 그리움을 익혔다

덧없이 흐르는 세월의 강가에서
휘파람새처럼 동심의 노래를 부르는 까닭은
뒷산 나뭇가지에 걸터앉은
진홍빛 노을 바다가 잠들면
마음의 언어로도 그릴 수 없는
동트는 아침 햇살 때문이다

계절이 찬란한 자태로
눈부신 턴을 하듯
나를 낳은 그리운 이름과
달빛 아래서
그대의 키스와 노래를
비바람 눈보라로 마름질 된
내 영혼의 오선에
불후의 명곡으로 지어 보리라.

해질녘

나를 따라 오던 해
노을 바다 베고 숨진 자리
더 황홀해
저승과 이승 같은 아득함이여!

날마다
아름다이 죽지 못해
자갈돌로 남은 미움
썰물 되어 텅 빈 가슴

저녁 어스름처럼 스미는 외로움에
그리운 이들
하나 둘 별처럼 솟아나고
때론 잊고 싶던 당신의 눈동자
별빛으로 되살아나네

당신과 나는
영원의 길목에서
바람 속 흰 구름 같은 만남

저녁노을 등에 지고
집으로 가는 농부처럼
나도 당신에게로 가서
애틋한 사랑이 되리.

유혹

푸른 줄기 물기어린 수박은
향기로 나를 부르고
자르르 윤기 도는
고운 몸매의 노란 참외는
미소로 나를 홀린다

노점상에서 마음으로 사온 참외
남편에게 손가락 하나를 펴 보이며
"여보! 나 참외 딱 한 개만"
주름 깊은 눈매에 애련한 눈길로 건네준
구겨진 지폐 두 장
또 무너질 새로운 결심을 한다
내일은 참외장사가 와도 절대 안 갈 거야

당신이 육종학자라면
오백 원에 수박만한 참외
천 원에 호박만한 수박을 개량하라고
떼를 쓸 거라고.

미천골에서

사랑하는 이를 마지막 보듯
나무 하나하나의 이름을 부르며
한 아름에 보듬어 눈 맞추네

맞은바래기
낭떠러지를 명당 삼은
하얀 꽃 무덤과
굴러온 대로 주저앉은
크고 작은 바윗돌

푸른 비단 펼쳐 덮은
산 우물은
동트는 아침 햇살로 한 자락씩 밝아오고
내 마음을 뿌리째 비추는
물거울에 떨어지는
까닭모를 눈물 한 점

냇가 바윗돌에 우뚝 선
한 그루 기도 나무로
동터 오르는 산마루를 향해

끝없이 불러보는 그지없이 크신 이름

마음 깊이 흠모한다는 말
구름 가는 길에 전하네
가없이 그리운 맘
임 계신 곳으로
바람 손잡고
소용돌이 휘돌아 물길 따라 가라고
나뭇잎 편지를 띄우네.

나의 인생

쉰 네 해를 살아오면서
소원대로 살아본 오년
사랑하며 노래하며 삼년
사는 즐거움으로
멈추고 싶은 오년

여자로 태어난 게 불행이라 생각되던 일년
피할 수 없는 시련으로 건너뛰고 싶던 칠년
존재라는 것이 의미 없어 무로 돌아가고 싶던 삼년
병의 고통으로 죽음을 소원한 오년
죽을 자리를 생각하던 절망의 육일
그날이 그날 같은 이십오 년

불행할 땐 목숨이 웬수
행복할 땐 죽음이 저주
살기 싫을 땐
언제까지 살아야 하는지 의무를 묻고
살고 싶을 땐
왜 죽어야 되느냐를 묻고…

가장 아름답고 행복한 순간을 멈춰
영원히 살고 싶은 소망도 있지만
병과 고통의 그물에 걸려
고통 없이 하느님께 가라면
지금도 변함없는 1순위 희망

삶은 특선비빔밥
아니면 잡탕찌개
술인지 물인지
불어오는 계절풍에
삭정이처럼 떨어져 가는 것.

인연

사는 게 앓는 것인지라
음식에 주리고
사랑에 주려
마른풀처럼 시들어가는 당신

나는 무슨 연고로 당신과 엮여져
당신의 웃음과 젊음을 앗으며
목숨을 부지하는가

어제도
오늘도
내 괴로움과 당신 연민이 교차되는 순간
이 짐덩이
당신 등에서 굴러 떨어졌으면…

한때 격정의 미움도 분노도
이제는 곰삭아 미안한 마음뿐
'앓는 방'이 따로 있었으면…

아프지만 않다면

얼마나 아름다운 세상인가
아픈 날이 많아지면서
아버지 얼굴로 다가오는 당신.

연민

과자를 찾을 나이에 어미를 잃고
사탕 맛을 즐길 나이에 아비마저 잃어
이제 막 사랑의 걸음마를 디딜 때
한 분 형님마저
다시는 못 일어나실 병을 얻으신 날

베틀에서 끊긴 실패처럼
이 구석 저 구석에 앉아
어린애처럼 손등으로 눈물 훔치는 당신

저 세상 가는 길엔
사랑만이 여비인데
아! 회한은 얼마나 부질없는 일인가

어미를 잃고도 알지 못한 슬픔
아비를 잃고도 울지 못한 눈물
계곡물 소리로 목울음 울며
핏물 같은 눈물 독주로 삼키고
잠든 당신

얼음 섬 같은 당신 가슴
강보에 싸안고
오늘은 엄마가 되어주고 싶은
아내의 마음.

그대에게 드리는 노래

내가 당신께
해주고 싶은 것도 많았지만
손이 가난한 나는
바람에게도 눈짓하지 않은
나의 순정을 드렸습니다

내 안의 잡초와
돌과
가시덩굴 걸으며 흘린 눈물은
나의 한숨으로 삼고
내 웃음만
당신의 노래로 드렸습니다

언 땅에 쪼그려 앉은
파란 풀 한포기
고요한 아침을 가르는 작은 새 노래도
아침 이슬처럼
모두가 찬란한 허무

태양 안은 가슴인데

날마다 노을로 지는
나의 목숨이여!

두 손 모아
타다 남은
내 영혼의 무지갯빛 노래도
하늘 길 삼으시라
당신 가슴에 드립니다.

갈등

내일 또 내일 들어설
병원 문을 나서며
바다로 갈까
산 위로 갈까
아파트 옥상으로 갈까

오랜 지병에 눌려
비지자루처럼 비질비질 터지는 몸에
납세고지서 같은 진료기록카드

무너져 내리는 축대를 떠받치는 심정에서
살려 달라 할까
고통을 이기게 도와달라 할까

머리에서 발끝까지
나신의 반쪽을 오르내리며
침을 꽂고 부황을 뜨고
여덟 개의 전기선을 장치하고
냉장실 같은 배에 전기 매트를 둘러주고
그의 마음자락인양

스웨터를 끌어다 다독여 주는 동안
나는 얼굴 없는 작은 짐승이 된다
내가 왜 여기 이렇게 누워있는 걸까?

오랜 세월 결빙된
빙하가 녹아드는 즈음
카세트 녹음기에선 굵은 첼로 선을 타고
동맥을 휘돌아 나온듯한
오펜바하의 '쟈크의 눈물'이
팥 단지처럼 내 가슴에 떨어진다.

어버이

내 육신 벗는 날
돌아가 안기고 싶은 품일 터인데

잊었네
치아가 빠져버린 당신을
내 아기 오물거리는 수저 속에서

잊고 있었네
당신의 거친 손을
아가 손잡고 걸음마 하는 동안

잊어 버렸네
봄 양지에 쪼그려 앉은
당신의 시린 등을
아이 어깨에 맨 가방끈을 바라보는 동안

잊었었네
깊은 맘
밀물과 썰물로 오가던 당신의 성성한 백발도
아들 싱그런 웃음 속에서

당신을 밀어내는 세월의 방파제 위
혼백처럼 홀연한 이여!
당신이 숨을 내려놓는 순간까지
나는 당신의 아기

허허로운 마음
아직도 마치지 못한 자장가로 조율하며
그림자를 사랑하는 당신은
무심의 파도에 떠밀리며 잊혀지는
무인도.

아들의 월급봉투

한 달에 한 번
자동화 코너용 현금 봉투에
굵은 유성매직으로
'어머니'라 써서 건네는 월급봉투에선
글씨만큼 정갈한 얼굴이 보인다

새벽 어둠 가르며
현관문 나서는 뒷모습과
긴 골목길 저벅거리고 올라오는
구두소리가 들린다

부모님 모시려면
남보다 한발 앞서야 한다며
직장 일에 공부에
바람 지나간 자리처럼
머리칼이 숭숭 빠지는 아들

지금쯤 통근 버스에서
팔짱을 끼고 머리를 젖힌 채
무아지경이 됐으리

"힘들게 해서 미안해
'가뭄의 단비' 잘 쓸게, 정말 고마워"

장난감 같은 아가 운동화
넋 잃고 들여다보던 아들
혼자 자고 나간 방에서
새벽녘 혹은 자정 무렵 잠깐
기도 속에서 불러보는
낡은 집 철골 같은 아들아
내 아들아.

아우 이사 가던 날

아우 이삿짐 속에 나도 싸여 갈까
떠나는 자리 공터처럼 휑하다

모퉁이 돌아서는
늙은 동무
허전함을 알까

그 얼굴에 어른거리던
부모님과 형제들 모습
십수 년 조율해온 우리의 노래들

아우 웃음소리
디동 동동 피아노 소리
조율을 잃은
삐리삐리 뻴릴리
내 리코더 소리

서울 남북의 언저리
봉천동과 상봉동 사이
아득한 곳으로.
내 노래 샘줄 다 퍼갔구나.

하관

아주 가끔
만날 수만 있다면
당신은 그곳
나는 이곳에서
살아간다 믿겠네

사라진다는 것
없어진다는 건 무얼까
봄이면 만물 그 자리에 있는데
당신의 그 자리는 어디일까

슬픔도 몫이 있는지라
가슴에 안아
내려놓을 데 없네
지나는 바람에 빨래 마르듯
시간이 거두며 가겠지

사별도 일상이 된 지라
머물다 가신자리
눈물샘 구덩이 있는 줄 몰랐네

살아 평생 집안에 계시더니
죽어 내 가슴에 오시네.

사모思慕

세상에서 지워진 아버지 이름
내 가슴에 씌여지네

그 얼굴
그 음성
다시는 보고 들을 수 없기에
지나간 시간 다 모여
뜨거운 그리움
눈물로 흐르네

물살 따라 흘러간 나뭇잎처럼
아버지 시간 속으로 흘러갔네

물 한 모금 넘기시려
가슴 쓸던 옆에서
밥을 부르던 슬픈 목구멍
내 눈물 흘러 흘러
가시는 발치에 닿을까

이승과 저승의 경계선은 땅 위와 땅 밑

저 산 뒤로 해넘이 하듯
살을 거두고 눈을 감으며
돌아 가셨네

짐작하시리라 생각하며
끝내 올리지 못한 말 한마디
'감사합니다'

장미꽃 흐드러지고
꾀꼬리 노래 청아한 부활의 오월과 더불어
이 마음 가져가소서
아버지, 나의 아버지.

밤을 까며

칼집내기도 단단한 껍데기를 삐져나온
탱탱한 알밤 살
먼지 누룽지로 반들거리는 속껍질과
부풀어 오르며 굳어진 속살
그렇게 답답했을까 딱딱한 집이

깎고 도리고 구멍 따라 쑤셔보니
속살 벌레에게 다 뜯기고
울타리살만 남았구나

강낭콩만큼 남은 생살을 들여다보며
바람 잡으러 헤매이다
돌아오곤 하던 아이
때절은 옷 까치집 머리
마른 수수깡보다 쓸쓸하던 눈길이
어머니 가슴을 후빈다

알까?
여린 마음 파이는 것이
때론 사별보다
쓰라리다는 것을.

실향

건너편 산 아래
오순도순 자리 잡은 마을 사라지고
대형 시멘트 기둥들이 우뚝한
아파트 단지가 낯설다

다정한 눈인사 속말 나누던
구름 걸치고
노을 걸치던 산
머리만 내밀고
아파트 지붕 위로
가라앉은 회색 하늘…….

사라진 것이 그리운 것은
아름답고
사랑하는 것은
그 자리에 있어 주길 바라서다

내 발치 한 자락
베어진 아픔이다.

회복

누웠다
앉았다
걸었다
뛰었다
노래했다.

몸과 맘

내 몸이 "살자" 하니
내 맘이 "싫어" 하고

내 맘이 "살자" 하니
내 몸이 "싫어" 한다

내 몸이 "살자" 할 때
내 맘이 "그래" 하면
삶이고

내 몸이 "죽자" 할 때
내 맘이 "그래" 하면
죽음이다

천생연분
내 몸과 내 맘이
일생 나누는
실타래 같은 대화.

봄볕

산등성 미끄럼 타며
방안 가득 밀려온 봄볕

손등에 눈에 이마에 가슴에
가득 스미어 오는
바람 냄새 솔 냄새……

꽃물 드는 내 마음
노래 샘물 터졌다

'넌 참 따뜻하구나'

한 자락 말아
어느 가슴 시린 이
이불로 덮어주고 싶다

그 머리맡에
노란 프리지아 향과
미소 한 다발 함께

하늘 바다 가르고
흰 평행선 그으며
비행기 지나간 자리처럼
멀어져 가기 전에.

수평선

하늘과 바다는 품을 다해
서로를 안아
하나가 되었다

너와 나 사이를 허문
틈 없는 저 정지선

멀리 보이는 수평선은
얼마나 아름다운가

너와 나도
만나야 할 인연이기에
여기
바늘 끝점으로 찍혔으려니

등허리를 보이지 않는
저 하늘과 바다처럼
나는 너에게
너는 나에게
뜨거운 가슴을 대어 보자

하늘에 닿는 모든 것
그 누구의 발에도 밟히지 않는
별이 되리니…….

말

세상의 말 중에서
아들 마음 밭에 떨어진
'효孝'의 씨앗

'착하다'란 칭찬에 싹이 터
효자란 칭찬에
푸른 하늘로 뻗으며
나이테를 두른다

새벽과 밤중을 오가는
아들 구두를 바로 놓으며
씨 마늘 심듯 건네는 인사말
"장한 아들, 만사형통 하거라"
힘이 실린 어깨와
모세혈관을 휘돌아 나오는 환한 미소

영혼의 필라멘트로 흘러가
알전구처럼 켜지는 말의 씨
사람들은
어떤 말의 동력으로
눈부신 오늘을 살아갈까.

벗

이역만리
터키를 여행하며 편지봉투에 말려온
여리여리한 풀꽃 네 점
잘 마른
노랑 보라 흰 꽃

환한 내 미소와 팔랑거림도
마음 갈피에 쟁여 있었으리
한 점을 이루는 두 직선처럼
꽃자리에서 마음이 만나는 우리

무주구천동 돌 마루에 누워
손잡고 푸른 하늘을 바라보고 싶다
연륜이 더할수록
작고 여린 것에
햇살이 더 닿는 듯한 마음

정감 가득한 시 한 수 지어
어느 쓸쓸한 이에게
성탄카드로 만들어 보내리.

나를 찾아

때로
내가 몹시 그리울 때
호젓이 나만 사랑하고 싶을 때
거울 앞에서 흰 머리를 뽑는다

사나흘 뽑고 자르기를 몰두하여
검은 머릿결을 쓸어 올리고 매만지며
눈빛이 환해진 나를 본다

흰 머리를 뽑으면
먼저 가신 시어머니 생각이 난다
그때는 그랬었다
연세만큼 고우신데
왜 저리 흰 머리를 들볶으실까

흰 머리를 뽑으면
뭉턱뭉턱 묻어나는 삶의 무늬
솎아내고 싶은 시간과
영원한 젊음으로
갈무리하고 싶은 시간이 따라나온다

나 아닌 군더더기
모근처럼 뽑혀
지금도, 이후로도
가장 사랑하고 만나고 싶은
나와 정담을 나누는
흰 머리를 뽑는 시간.

만추

잎인 동안에 알았을까
바람 부는 방향대로 떨어져 가는 것
그리고 밟히는 것

꽃비 흩날리는 주일
뒷산에 올라
우수수 우수수
생명 새어가는 소리
세월의 물소리를 듣는다

지금 지워지려는 이름과
침묵 너머로 지워진
아려오는 이름들……

푸른 공간과 빛 부신
나무와 나무 사이
포르르 포르르 산새소리

너와 나
가슴에서 가슴으로 흐르는

눈물 같은 연민
'있어줘서 고마워
그리고 사랑해!'

가을 숲

팥배나무 발목을 덮는 숲 사이
실핏줄 같은 오솔길과
동해 물빛처럼
부서져 내릴 듯한 파란 하늘

저 오솔길 지나갔을
이름 모를 그대에게
호젓이 눈감고 들어보라 하겠네

사그락 사그락
투둑— 툭
먼 길 걸어온
나무
옷 벗는 소리

오르고 내리는 발치
시나브로 떨어지며
아름다이 가고픈
깊은 그리움 길어 올리는
찬연한 생명의 소리

품을 넓혀 안은 몸
나목이 되어가며
빛과 하늘 두르는
가을 숲
자유의 노래.

우곡성지 여름 캠프

교회 한 가족 되어
첫 나들이처럼 나선
봉화군 우곡성지 여름 캠프

부슬부슬 빗속에서
사과 붉어 가고
산자락 풀 더미 속
키를 넘는 달맞이 꽃

문수산 골 구름 아래
원시림 속 내달리며
바윗돌 치는 물줄기

쪽 동백 조잘조잘 여물어 가고
산딸나무 붉은 볼
가을의 시를 쓰면

산모롱이 묻어있는
우리 고운 노래와
문수산 하얀 물줄기에

소년 소녀 되던
당신과 나의 그리움도
구름으로 흐르겠네.

추억

아들 피아노 소리를 들으면
아들과 손잡고 걸어온 길 훤하다

둘이 엮은 한 권 문집처럼
눈시울 뜨거운 아름다운 동행

오수의 단잠 속으로
꿈인지 생시인지
호수의 파랑으로 밀려오는
리스트의 사랑의 꿈

숯불처럼 사위어가는 옛일을 살리며
재깔재깔
타박타박
걸어오는 소리

피아노로
호수 위에 쓰는 서정시
독거노인 방문하는 목소리 같다.

맺는 말

내 시의 발원지는 최초의 치유 시詩 〈고향 길〉에서 비롯되었다. 병과 고통과 절망으로 삶의 의미를 상실했을 때 주님의 성령께서 내 영혼을 방문하시어 (1983.09.03) 잠든 시혼에 풀무질을 하시고 사막의 스콜처럼 지나가시며 치유 시詩로 나를 일으켜 세우셨다.

그분의 성혈로 수혈 받은 나의 삶은 내가 그분 안에, 그분이 내 안에 사실 때만 행복하다는 것을 깨닫게 되었다. 신앙의 연륜이 더해갈수록 '감사하는 마음'만이 나의 예물임도 알게 되었다. 길 위에 엎어지면, 머리를 들어 우주의 눈동자이신 그분을 응시할 일이다.

내 시에는 '천주께 감사' 시詩 (✝로 표시)와 아닌 것이 있는데, 그것은 성령께서 주시거나 감도하심으로 쓴 시와 내 작품을 가리기 위해서이다.

천주께서 주신 시詩는 국어책에서 시를 베끼듯 머리에 써 주시는 것을 그대로 베낀 것과 감도하심으로 쓴 것(오자, 탈자의 수정, 제목을 주신 것, 수정해 주신 것, 제목을 붙여 주신 것, 미완성의 글을 완성시키신 것, 제목을 주시고 시작을 분부하신 것-〈바람〉, 제목을 바꿔주신 것-〈끝 노래〉를 〈정거장〉으로)이 있다.

나의 시詩는 성령께로부터 받은 '치유 시'인 동시에 '투병 시'이다. 주께서는 나의 심성과 기호에 맞게 시詩를 주시어, 내 우울증을 치료하시었다. 주께서 주시는 것은 완전한 기쁨과 완전한 평화와 완전한 사랑이다.

나는 노래를 통해 주님을 체감하고 사랑한다. 내가 주님을 사랑한다는 것은 주님 앞에서 노래 부르고 함께 기뻐하는 일이다.